Créditos de publicación

Dona Herweck Rice, *Jefa de redacción*
Lee Aucoin, *Directora creativa*
Conni Medina, M.A.Ed., *Directora editorial*
Kristy Stark, M.A.Ed., *Editora principal*
Torrey Maloof, *Editora*
Caroline Gasca, M.S.Ed., *Editora educativa asociada*
Kristine Magnien, M.S.Ed., *Editora educativa asociada*
Neri Garcia, *Diseñador principal*
Stephanie Reid, *Investigadora de fotografía*
Rachelle Cracchiolo M.S.Ed., *Editora comercial*

Créditos de imágenes

págs. 16, 19 iStockphoto; todas las demás imágenes de Shutterstock.

Teacher Created Materials
5301 Oceanus Drive
Huntington Beach, CA 92649-1030
http://www.tcmpub.com
ISBN 978-1-4333-5323-9

Made in China
Nordica.112014.CA21401693

Índic

Querida familia:

¡El quinto grado es un año emocionante! El cerebro de su hijo está cambiando el modo en que crece y procesa la información. Este año las diferencias físicas y emocionales entre niños y niñas comienzan a ser más notorias.

Lo grandioso acerca de ese cambio en el desarrollo del cerebro es que su hijo de quinto grado puede leer y escribir durante más tiempo, resolver problemas complejos de matemáticas, ahondar en la investigación y manejarse mejor en la planificación de proyectos a largo plazo.

A lo largo de este viaje hacia la independencia, las amistades de su hijo se hacen cada vez más importantes. Es posible que su hijo también esté más preocupado por adaptarse a su entorno. Sea paciente en lo que se refiere a las cuestiones sociales. Necesitará ayudar a su hijo a buscar un equilibrio entre las expectativas de la escuela y las amistades, las actividades después de la escuela y la familia.

Averigüe qué método de comunicación prefiere el maestro de su hijo. A usted le interesará estar en contacto con él, especialmente si su hijo parece solitario o es objeto de burlas o intimidación.

Una última idea...

Quizá su hijo crea saberlo todo. No tema: él todavía lo necesitará como entrenador, guía y héroe. ¡Los niños de quinto grado son muy divertidos!

¡Organización!

La organización y la responsabilidad ayudarán a su hijo a tener éxito en la escuela, especialmente mientras se prepara para la secundaria.

Estas ideas ayudarán a su hijo a ser el mejor en su propio juego.

Cajas de entrada y salida

Establezca un sistema de administración del trabajo escolar, creando cajas de entrada y salida para todos los papeles que van y vienen.

Consultar el calendario

Incluya un horario semanal en un calendario. Comience el día revisando el horario todas las mañanas durante el desayuno. Una vez que se haya hecho rutina, delegue en su hijo la responsabilidad de consultar el calendario.

Planificador diario

Pida a su hijo que lleve un planificador diario. Revise el planificador todas las noches para controlar los logros del día. Establezca un sistema de contacto regular con el maestro, utilizando el planificador como medio de comunicación.

Sistema de recordatorio

Desarrolle con su hijo un sistema de recordatorio. Por ejemplo, revisar el calendario diariamente o dejar notas autoadhesivas en el espejo del baño. Esto ayudará a su hijo a ser más independiente y a evitar que entregue tarde sus tareas.

Una última idea...

Es posible que su hijo de quinto grado cambie de clase para algunas materias durante el día. Asegúrese de saber cuáles son las expectativas del maestro en cuanto a las tareas diarias y los proyectos a largo plazo.

Ayudantes para la tarea

Es un buen momento para que su hijo de quinto grado cree su propio espacio para hacer sus tareas después de la escuela. No es necesario que sea un escritorio; en realidad, algo diferente del ámbito escolar podría ser justo lo que su hijo necesita.

Estos consejos ayudarán a su hijo de quinto grado a establecer hábitos de trabajo que le durarán toda la vida.

Haga espacio

Elija el mejor lugar para hacer la tarea. Si su hijo necesita ayuda de un adulto, prepare un espacio de trabajo cercano a usted. Es posible que otros niños prefieran trabajar en un dormitorio en silencio.

¡Lo estás logrando!

¡Justo en el blanco!

Divida las tareas

Puede esperarse que su hijo de quinto grado deba completar proyectos que lleven algunas semanas. Dividir el proyecto en pasos razonables garantiza un menor estrés y un mejor producto.

¡Así se hace!

Todos los alumnos valoran que se los elogie sinceramente por su trabajo duro. Estas son algunas otras maneras de decir "qué buen trabajo": ¡Bravo! ¡Sigue trabajando tan bien! ¡Vas bien encaminado! ¡Ni yo mismo lo habría hecho mejor! ¡Qué observación tan importante! ¡Haces que parezca fácil! ¡Mira qué lejos has llegado!

Una última idea...

Busque pequeñas maneras de ayudar a su hijo a organizar su tarea. Si está permitido, un corrector ortográfico o un diccionario en la computadora puede ser una salvación.

¡Hablen!

Su hijo todavía tiene muchas cosas para decir, aunque aparentemente no quiera hablar con usted. El desafío consiste en hablar *con* su hijo y no *discutir* con él.

Pruebe algunas de estas ideas para facilitar la conversación.

- Háblele mientras hacen actividades físicas, como por ejemplo en una caminata, jugando a la pelota o al baloncesto.

- Tengan un momento habitual para mirar o leer juntos el noticiario. Hablen sobre la actualidad.

- Tengan un momento de reunión en familia. Finalicen la reunión haciendo algo divertido juntos. Por ejemplo, la reunión podría ser un viernes por la noche, y a continuación organizar un juego en familia.

¿Qué fue lo que más te sorprendió del día?

¿Qué fue lo que más te gustó?

Una última idea...

Practicar el deletreo de palabras o memorizar operaciones matemáticas mientras juegan al fútbol es una manera excelente de saber qué está aprendiendo su hijo en la escuela mientras se divierten.

Dormir te hace inteligente

El rendimiento de su hijo en clase se ve afectado por la cantidad de tiempo que haya dormido. Si duerme demasiado poco, su hijo está en riesgo de tener problemas de salud. ¡Además, los alumnos que duermen poco a menudo tienen problemas para quedarse despiertos en la escuela!

En el siguiente cuadro se indica qué cantidad de sueño necesitan los niños.

Edad	Sueño necesario
1–3 años	12–14 horas
3–5 años	11–13 horas
5–12 años	10–11 horas

Estos consejos ayudarán a su hijo de quinto grado a dormir suficiente.

Horario fijo

Tenga un horario fijo para ir a la cama durante la semana. No varíe demasiado el horario los fines de semana.

Evitar el azúcar

Evite las gaseosas con cafeína y los refrigerios con mucha azúcar en la noche. En su lugar, ofrézcale a su hijo leche o fruta.

Hora del baño

Pida a su hijo que tome un baño o una ducha caliente antes de acostarse. Lo ayudará a relajarse

Desayuno

En la mañana, haga levantar a su hijo con tiempo suficiente para que se despierte realmente y tome un buen desayuno antes de ir a la escuela.

Una última idea...

Respetar un horario tendrá sus recompensas. Si el sueño es una prioridad, esa ventaja se verá reflejada durante la escuela y en casa.

Las 10

cosas más importantes que su hijo de quinto grado debe saber

1. **Identificar temas** en libros y relatos
2. **Describir el desarrollo del personaje** e identificar el conflicto, el clímax y la resolución en un relato
3. **Desglosar palabras** utilizando raíces lingüísticas, prefijos y sufijos
4. Sumar y restar **fracciones** equivalentes y **decimales** a centenas
5. **Utilizar la división larga** para dividir números grandes por números de varias cifras
6. **Números de coordenadas y sistema de coordenadas** (ejes *"x"* e *"y"*)
7. **Los tres principales dominios de vida** (bacteria, arquea y eucaria)
8. **Los cuatro estados de la materia** (sólido, líquido gaseoso y plasma)
9. **Historia de los Estados Unidos** (indígenas americanos, las 13 colonias, la Revolución norteamericana y la guerra de Secesión)
10. **Los estados de Estados Unidos y sus capitales**

Juego de palabras

A estas alturas, probablemente su hijo de quinto grado ya haya comenzado a construir un vocabulario rico. Usted puede continuar desarrollando ese vocabulario y divirtiéndose con juegos de palabras.

Pruebe algunas de estas ideas, muchas de las cuales pueden encontrarse en diarios, en revistas y en la Internet.

Onomatopeya

Una onomatopeya es una palabra que se parece al sonido que representa. Hay ejemplos por todas partes, entre ellos los nuevos usos de palabras como *tweet*.

Portmanteau

Cuando dos palabras se juntan formando una palabra nueva, se denomina *portmanteau* (palabra combinada). Esta palabra francesa (que significa *maleta*) demuestra cómo los significados se juntan, como las dos partes de una maleta. Entre algunos ejemplos se incluyen *emoticon, brunch* y *sitcom*.

Una última idea...

Su hijo de quinto grado aprenderá una nueva "jerga" entre sus compañeros. ¡Está bien si utilizan esa jerga con amigos y en la medida en que sea apropiada, pero debe evitarse en clase!

Leer por diversión

Leer por diversión es tan importante como leer para aprender. Ayude a su hijo a buscar libros o textos que sean de su agrado.

Utilice las siguientes pautas para ayudar a su hijo de quinto grado en su transición de lectura.

Lectura compartida

La lectura compartida, como por ejemplo turnarse para leer una página o un capítulo en voz alta, le ofrece algo de qué hablar con su hijo. Le da la oportunidad a su hijo de aclarar dudas sobre vocabulario nuevo y de mejorar la fluidez. Usted también puede enseñarle a leer con expresión.

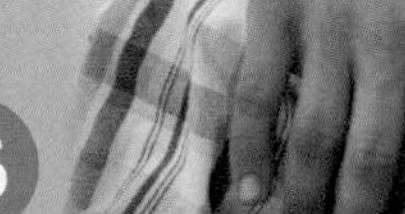

Leer en voz alta

Pida a su hijo de quinto grado que lea en voz alta mientras usted anota palabras e ideas claves. Luego cambien de roles.

Revistas de historietas

Las revistas de historietas siguen siendo populares entre los jóvenes. Las novelas gráficas (por lo general una novela en formato de historieta) han crecido verdaderamente en cuanto a popularidad. Si aún no ha explorado las novelas gráficas, pruebe leer una con su hijo de quinto grado.

Tiempo de lectura en familia

Elija un momento para que toda la familia lea el mismo libro. Puede sacar varias copias de la biblioteca. En las próximas páginas encontrará sugerencias excelentes que sin duda todos disfrutarán.

Una última idea...

Si su hijo de quinto grado tiene dificultades para leer, consulte con su maestro si debe recibir ayuda complementaria. Además, puede ayudar a su hijo en casa leyendo en voz alta una variedad de géneros, como por ejemplo ciencia ficción, fantasía o ficción histórica.

Capítulo por capítulo

Su hijo de quinto grado debería leer menos libros ilustrados y llenar los estantes con libros de aventuras. Involucre a su hijo en la evaluación y organización de su colección de libros.

Aquí tiene algunos libros excelentes que podría probar con su hijo de quinto grado.

- ***Tuck Everlasting*** **por Natalie Babbitt**
- ***No Talking*** **por Andrew Clements**
- ***Island of the Blue Dolphins*** **por Scott O'Dell**
- ***The Black Stallion*** **por Walter Farley**
- ***The Homework Machine*** **por Dan Gutman**
- ***M.C. Higgins, the Great*** **por Virginia Hamilton**
- ***Number the Stars*** **por Lois Lowry**
- ***The Cay*** **por Theodore Taylor**

Estas son algunas ideas para buscar libros.

- Ventas de libros en bibliotecas
- Intercambio de libros con vecinos
- Ventas de objetos usados
- Ventas con rebajas en librerías

Una última idea...

Asista a eventos literarios en su comunidad. Algunas editoriales regalan sus libros u ofrecen descuentos con el fin de generar interés. A veces los autores asisten a estos eventos, firman sus libros y conversan con sus lectores.

Formación de palabras

Estos son algunos prefijos y sufijos comunes que su hijo debería conocer.

Prefijos: Estas partes de la palabra, que se encuentran al principio de las palabras, dan a entender su significado.

Prefijos	Significado	Ejemplos
uni-	uno	unicycle
micro-	pequeño	microscope
sub-	debajo	submarine
un-	contrario	untie

Sufijos: Estas partes de la palabra se encuentran al final de las palabras

Sufijos	Significado	Ejemplos
-ology	estudio	biology (estudio de la vida)
-ist	persona que estudia	biologist (persona que estudia biología)
-phobia	miedo	aquaphobia (miedo al agua)

Una última idea...

Consiga un diccionario de ortografía para su hijo si tiene dificultades. No debe incluir las definiciones, solamente la ortografía, haciendo del libro una referencia rápida.

Vocabulario

Su hijo de quinto grado está ampliando su biblioteca de lectura y leyendo una variedad de géneros. Con la siguiente lista, ayúdelo a obtener ventaja para comprender palabras que comúnmente se encuentran entre el vocabulario de la literatura de quinto grado.

abduct	**daunting**
abstain	**declare**
bewildered	**dormant**
blunder	**empathy**
cease	**flimsy**
compliment	**flurry**
considerate	**hazardous**

heed	**prohibit**
irrational	**quiver**
irresponsible	**refuse**
metaphor	**sluggish**
monotone	**sympathy**
novice	**treacherous**
ordinary	**turbulent**
outstanding	**unique**
pathetic	**valid**
permanent	**veto**

Consejos para los exámenes

Todas esas tareas de matemáticas constituyen un buen ensayo para los exámenes estandarizados que deberá realizar dentro de poco tiempo. Las estrategias que ayudarán a su hijo durante los exámenes de matemáticas también lo ayudarán para hacer las tareas.

Estas ideas serán de ayuda cuando llegue la época de exámenes.

Antes del examen

- ✔ Utiliza una guía de estudio o trabaja con problemas de práctica.
- ✔ Lee en voz alta los problemas de práctica.
- ✔ Trabaja con un compañero. Conversen para resolver los problemas de práctica difíciles.
- ✔ ¿Es un problema con enunciado? Haz un dibujo. Busca patrones. Sustituye por números más simples.
- ✔ ¿No conoces el proceso? Resuelve el problema hacia atrás utilizando la respuesta más probable.
- ✔ Trabaja en sesiones cortas.

Durante el examen

- ✔ Lee las instrucciones atentamente.
- ✔ Analiza el examen.
- ✔ Haz primero los problemas más fáciles.
- ✔ Usa el método de prueba y error (adivina y comprueba).
- ✔ En primer lugar, piensa una respuesta lógica. Luego resuelve el problema.
- ✔ Revisa tu trabajo si hay tiempo.

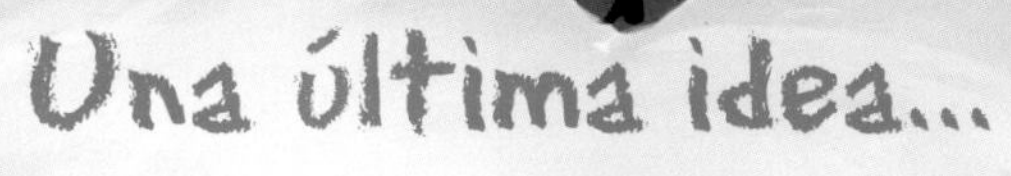

Incentive a su hijo de quinto grado a abordar las tareas como si fueran exámenes. Ajuste un temporizador y trate de ganarle al reloj. Esto ayudará a disminuir la ansiedad cuando llegue el verdadero examen.

Matemáticas cotidianas

Estamos rodeados de matemáticas y nosotros, como padres, sabemos qué importancia tienen. Ayude a su hijo a comprender su importancia. Mientras estén por ahí, enséñele a su hijo matemáticas cotidianas.

Aquí tiene algunas ideas para ayudar a su hijo de quinto grado.

Presupuesto

Ayude a su hijo de quinto grado a hacer un presupuesto. Ofrézcale la oportunidad de ganar un poco de dinero además de su mesada o los regalos que reciba.

Juegos de matemáticas

Diviértanse con adivinanzas matemáticas para aguzar el pensamiento crítico. Las adivinanzas matemáticas ayudan a ampliar la mente de su hijo. Incentive a su hijo a tener un enfoque amplio para resolver problemas.

Alimentos para pensar

Lean las etiquetas de los alimentos para calcular la información nutricional.

Una última idea...

Utilice la cocina para enseñarle a su hijo equivalencias de medición y algunos conceptos básicos de química (transformación de la materia).

Suma y resta de decimales

En la suma y resta, las comas decimales deben estar alineadas de acuerdo con los mismos valores posicionales. Utilice ceros como marcadores de posición.

Sume de derecha a izquierda, comenzando con el valor posicional más pequeño.

28.45 + 0.96

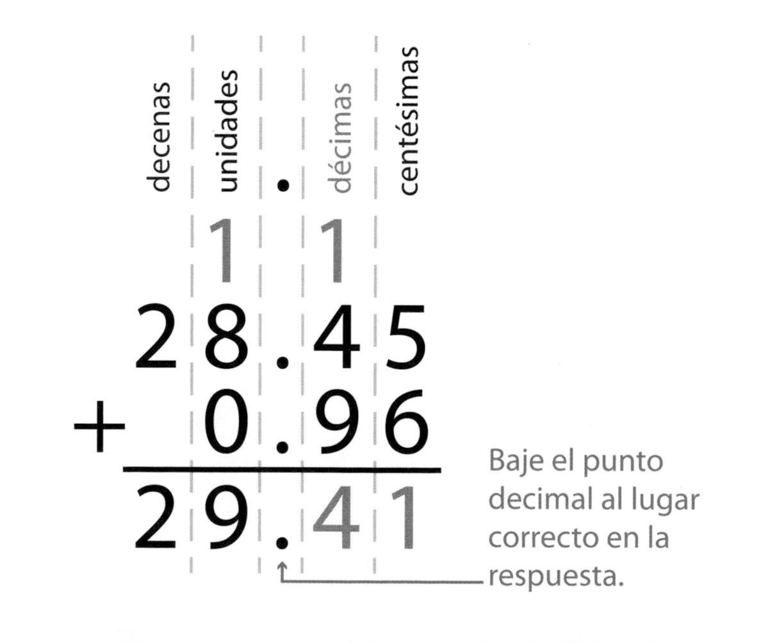

Reste de derecha a izquierda, comenzando con el valor posicional más pequeño.

86.3 – 15.26

Su científico en el trabajo

Su hijo de quinto grado está preparado para emplear los mismos procesos que utilizan los científicos: observación, investigación y experimentación. El programa de ciencias específico varía, pero este año su hijo estará inmerso en las ciencias biológicas (seres vivos), la ciencia física (energía y materia) y la ciencia de la Tierra (meteorología y geología).

Podría realizar sus propias investigaciones con algunas de estas ideas.

Centro de compostaje
Prepare un centro de compostaje en su casa y observe qué sucede a medida que las cosas se descomponen.

Experimentos de la feria de ciencias

¿Se acerca una feria de ciencias? ¿O está interesado en experimentar la suya propia? Trate de resolver alguna de estas preguntas:

- ¿La altura de una rampa (o el material del que está hecha) afecta la distancia a la que llegará rodando un auto de juguete?
- ¿La temperatura del agua afecta su velocidad de evaporación?
- ¿La cantidad de luz (o la temperatura o el nivel de humedad) afecta la distancia en que se desplaza el gusano de la harina?
- ¿Cuánto pesaría usted en Marte, Júpiter, la Luna, etc.?

Una última idea...

Hable sobre cómo la ciencia puede usarse para comprender mejor y predecir los fenómenos naturales, como por ejemplo las tormentas y las catástrofes.

Aptitudes de estudios sociales

En muchos estados, los niños de quinto grado aprenden más sobre la historia de los Estados Unidos, desde los primeros años de exploración hasta la Revolución Norteamericana.

Una vez que conozca en qué se centran los puntos de aprendizaje de su alumno de quinto grado, ***intente algunas de estas actividades.***

Los Estados Unidos

Ayude a su hijo a memorizar los nombres de los estados y las capitales, viendo quién puede completar más rápido un mapa de los Estados Unidos.

Acontecimientos actuales

Lean juntos el periódico para ver qué sucede en el estado que su hijo de quinto grado está estudiando. Busquen las secciones de política, de elecciones, del tiempo, etc.

Línea de tiempo

Preparen juntos una línea de tiempo donde incluyan los acontecimientos claves durante una guerra o un período importante de cambio en los Estados Unidos.

Historia estadounidense

Aproveche el momento de la cena para hablar sobre personas famosas de la historia estadounidense. Pida a su hijo que elija a un presidente, inventor o líder dándole pistas de la identidad de la persona.

Una última idea...

La próxima vez que planee un viaje en auto con la familia, asegúrese de detenerse en puntos de referencia claves, monumentos históricos y los edificios del Capitolio. Lleven la cuenta de todos los estados que hayan visitado en un mapa.

Aprendizaje en la comunidad

Probablemente su hijo de quinto grado esté más interesado en pasar su tiempo con amigos en lugar de en familia. El desafío para un padre consiste en garantizar que ese tiempo pasado con amigos sea productivo. Una manera de ayudar a ese proceso es dar a su hijo oportunidades de realizar actividades divertidas y supervisadas después de la escuela.

Considere algunas de estas actividades para su hijo de quinto grado.

- Clases en un centro comunitario
- Equipos deportivos
- Clases de danza
- Lecciones de natación
- Lecciones de arte
- Lecciones de música
- Trabajo voluntario en una biblioteca
- Club de niños y niñas
- Asociación cristiana de jóvenes (YMCA)

Una última idea...

Dé algunas opciones a su hijo de quinto grado. Quizá él quiera participar de una actividad con amigos en la escuela. Una nueva actividad le ofrece la oportunidad de hacer nuevos amigos.

En casa y más allá

Viajar es una manera fantástica de permanecer en contacto con su hijo de quinto grado y de hacer que siga aprendiendo. ¡Recuerde que se puede viajar en su propia sala, en su comunidad o en cualquier parte!

Utilice estas recomendaciones para aprovechar el aprendizaje sobre la marcha.

Internet

Utilice la Internet para averiguar sobre un lugar de vacaciones. Haga que su hijo de quinto grado planifique una actividad durante las vacaciones.

Vacaciones en casa

No todo el mundo puede hacer viajes largos en auto o en avión a sitios nuevos de vacaciones. Una alternativa divertida es planificar una actividad en su propia comunidad como si la visitaran por primera vez.

Vacaciones educativas

Pida a su hijo de quinto grado que practique sus aptitudes matemáticas durante un viaje largo; hágalo calcular las millas viajadas y las millas por galón utilizadas. También puede buscar las carteleras donde se anuncian los precios de la gasolina y comparar costos a lo largo del viaje.

Fotógrafo

Pida a su hijo de quinto grado que lleve un registro del viaje, documentando los recorridos con fotos, folletos, postales y un diario. Si su hijo se ausenta de la escuela por un viaje, este proyecto puede tenerse en cuenta como crédito de recuperación.

Travel Diary

Vacaciones con un propósito

Dé sentido a su tiempo de viaje. Limpie la basura o dé una mano a personas necesitadas.

Una última idea...

Si emprende un viaje largo, puede llevar audiolibros, una variedad de juegos (Sudoku, palabras cruzadas, sopa de letras), videojuegos que ayuden a practicar las aptitudes, y gran cantidad de revistas.

Trabajar mucho,
Trabajar mucho

Los niños de quinto grado comienzan a preferir estar con sus amigos antes que jugar con sus padres. Sin embargo, si encuentra aunque sea una actividad para compartir, podrá mantener el sentido de diversión en familia.

Intente algunas de estas ideas para divertirse en familia.

Videojuegos

Jueguen a los videojuegos juntos, en familia. ¡Puede ser una manera divertida de que su hijo le enseñe una o dos cosas!

Juegos de cartas

Practiquen juegos de cartas, como por ejemplo Corazones, Espadas u Ochos locos.

Carreras y relevos

Organice carreras informales o relevos en monopatines, escúteres y bicicletas. ¡Recuerde usar siempre equipos de seguridad adecuados!

Lecciones de deportes

Junto con su hijo, tomen lecciones de algún deporte nuevo como tenis, golf, pesca o voleibol.

Búsqueda del tesoro

Organice una búsqueda del tesoro como las de antes, dentro de la casa o al aire libre.

Una última idea...

No se necesita mucho dinero para jugar juntos, pero las recompensas pueden ser eternas. "El juego", dice la autora Diane Ackerman, "es la forma de aprendizaje favorita de nuestro cerebro".

Querido padre:

Seguramente usted es un padre dedicado, o un abuelo, una tía, un tío u otro adulto que se preocupa. Ha dedicado tiempo a echar un vistazo a esta guía del padre. Sabemos que eso no es fácil con las exigencias del trabajo y el hecho de tener uno o más hijos. Disfrute este año junto con su hijo de quinto grado. Mantenga abiertos los canales de comunicación, asegurándose de que haya tiempo para trabajar y jugar. No olvide apartar un poco de tiempo para atender a sus propios intereses o encontrar algo nuevo y divertido para hacer juntos.

Esperamos que esta guía del padre le haya dado algunos consejos e ideas útiles para realizar actividades nuevas. Puede buscar más ideas en la Internet o hablando con otros padres. Y no se olvide de hablar con el maestro de su hijo. ¡Él también quiere tener noticias suyas!

¡Gracias!